Blyton · Kinderhaus Band 9

Enid Blyton

Kinderhaus

Geheimnisse der Wildnis

Originaltitel: Friends of the countryside
Originalverlag: W. & A. K. Johnstons & G. W. Bacon Ltd., Edinburgh u. London

Gesamtherstellung Mohndruck Graphische Betriebe GmbH, Gütersloh
ISBN 3-570-08110-9 · Printed in Germany

1. Die jungen Fischotter

Es waren einmal zwei junge Fischotter, die lebten mit Mutter und Vater in einer behaglichen Höhle unter einer der Erlen, die entlang des Flusses wuchsen.

Ripple hieß der eine, Brownie sein Bruder.

Beide waren dunkelbraun und besaßen vom Tag ihrer Geburt an einen Pelz aus Flaumhaaren.

»Schau nur«, sagte die Ottermutter zu dem frischgebackenen Familienvater und zeigte ihm die neugeborenen Otterbabys, »unsere zwei Kinder sehen uns wirklich ähnlich.«

»Das sind ja zwei richtig stramme Burschen«, sagte der stolze Vater. »Und wir werden ihnen im Laufe der Zeit alles beibringen, was ein richtiger

Fischotter können muß. Ich werde nun für euch auf Fischfang gehen.

Mit diesen Worten verließ er die Höhle und glitt ins Wasser, wo er mit der Leichtigkeit und Anmut eines großen Fisches schwamm.

Er liebte das Wasser, und er war dafür geschaffen.

Ein feiner dichter Pelz bedeckte seinen langgestreckten Körper, der in einem großen, flächig-breiten Schwanz endete, welcher ihm beim Schwimmen sehr zugute kam. Seine Beine waren kurz, aber kräftig, und zwischen den Zehen hatte er Schwimmhäute. Zwar konnte er sich auch an Land fortbewegen, doch erst im Wasser fühlte er sich wirklich zu Hause. Der Fluß bot ihm seine Nahrung, es war sein Jagdrevier, in dem er dem Fischfang nachging.

Der Fischotter schwamm gemächlich flußabwärts.

Ein Eichhörnchen, das auf einem Ast saß, der über das Wasser hinausragte, sprach ihn an. »Was ist los? Normalerweise gehst du doch tagsüber nicht auf Fischjagd, Meister Otter.«

MACDOWELL

»Ich bin Vater geworden und muß jetzt für meine zwei Jungen und meine Frau das Futter besorgen«, sagte der Fischotter in stolzem Ton.

»Mir würde das keinen Spaß machen, den ganzen Tag im Wasser herumzuschwimmen und klitschnaß zu sein«, meinte das Eichhörnchen. »Frierst du eigentlich nicht?«

»Natürlich nicht!« erwiderte der Otter. »Ich habe schließlich zwei Pelze. Der untere setzt sich aus ganz feinen weichen Haaren zusammen, und der obere besteht aus dickeren längeren Haaren. Da kommt kein Wasser durch. Deshalb wird mein Körper nicht naß, und ich friere daher auch nie.«

Der Otter beendete dieses Gespräch, indem er einem Fisch nachjagte, wobei er sich unter Wasser ebenso flink und wendig zeigte wie die Forelle, die er sich als Beute auserkoren hatte. Als er sie erwischt hatte, schwamm er zu seiner Behausung zurück, wo er bereits von seiner hungrigen Frau sehnsüchtig erwartet wurde. Selbst die zwei kleinen Otter fingen an, aufgeregt zu schnüffeln, als sie den Fischgeruch wahrnahmen.

Als die zwei Jungen etwas größer waren, konnten ihre Eltern sie schon einmal für eine Weile allein lassen, um gemeinsam auf Jagd zu gehen. Dann krabbelten die beiden in der Höhle herum und wären nur zu gerne ihren Eltern gefolgt, doch noch trauten sie sich nicht ins Wasser.

Doch eines Tages war es dann soweit. Als die Ottermutter mit einem Fisch für ihre Jungen vor der Höhle auftauchte, saß Ripple am Wasser.

»Schau dir das nur an!« rief sie ihrem Mann zu. »Die Kleinen wollen uns schon begleiten. Beim nächstenmal sollten wir sie mitnehmen.«

In der darauffolgenden Nacht, als das Licht des Mondes den Fluß glitzern ließ, bekamen Ripple und Brownie ihren ersten Schwimmunterricht.

Sie waren ganz aufgeregt, als sie sich zum erstenmal in ihrem jungen Leben ins Wasser gleiten ließen. Sie genossen dieses neuartige Gefühl! Zu Anfang stellten sie sich noch nicht sehr geschickt an. Ripple schluckte Wasser, weil er noch nicht gelernt hatte, unter Wasser die Luft anzuhalten. Doch seine Mutter bugsierte ihn sicher wieder an die Oberfläche.

»Du mußt dir, bevor du abtauchst, die Lungen voll Luft pumpen und dann den Atem anhalten«, erklärte sie ihm. »Im Gegensatz zu den Fischen können wir nicht im Wasser atmen. Deshalb müssen wir jedesmal auftauchen, wenn unser Luftvorrat verbraucht ist. Dann gilt es, ganz tief Luft zu holen.«

Die kleinen Otter hatten dies bald gelernt und

MACDOWELL

konnten dann ebenso lange unter Wasser bleiben wie ihre Eltern. Nun konnten sie darin unterwiesen werden, wie Fische gejagt werden mußten: Man durfte niemals von oben kommen, sondern man mußte sich stets von unten pfeilschnell an die Beute heranmachen.

Dann folgte eine Unterrichtsstunde in Eßmanieren. Fischotter sind schließlich gesittete Tiere.

»Zuerst beißt man die Rückengräte durch«, erläuterte ihr Vater. »Gleich hinter den Kiemen ist dafür die beste Stelle. Den Fisch verspeist man anschließend vom Rücken her in Richtung Schwanz, den man übrigläßt. Kein anständiger Fischotter frißt nämlich den Schwanz mit. Wenn ihr einen ganz besonders großen Fisch erwischt habt, solltet ihr euch mit den besten Schulterstücken zufriedengeben und den Rest verschmähen.«

»Und denkt auch stets daran, daß Frösche nur abgehäutet bekömmlich sind«, riet ihre Mutter. »Jetzt kommt mal mit, ihr zwei. Ich werde euch zeigen, wie man im Bachbett Steine umdreht, um nach Flußkrebsen zu suchen, die besonders lecker sind.«

Die kleinen Otter wuchsen rasch heran und hatten eine herrliche Jugend. Manchmal, wenn der Fluß nach Regenfällen besonders viel Wasser führte, ließen sie sich in der starken Strömung treiben, anstatt zu schwimmen. Das war ein Vergnügen für die ganze Familie, dem sie sich mit angelegten Vorderpfoten hingab, so daß nur noch Nase, Augen und Ohren aus dem Wasser herausschauten.

Ripple und Brownie hatten inzwischen auch schon längst kapiert, daß sie immer ihre Ohren schließen mußten, damit kein Wasser hineinkam. Außerdem hatten sie gelernt, wie ihre Eltern zu pfeifen — flötenartige Töne, mit denen sie sich darüber verständigten, wo der einzelne jeweils steckte.

Sie waren eine glückliche Otterfamilie. Dann kam der Herbst, und es wurde Zeit, auseinanderzugehen.

»Nun ist es so weit, daß ihr euch um euch selbst kümmern könnt«, sagte die Mutter zu ihren Söhnen. »Ich selbst werde weiter flußabwärts in Richtung Meer ziehen, wo es besonders gute Fisch- und Krabbengründe geben soll. Euer Vater wird sich über Land zu einem See aufmachen, den er kennt und liebt. Doch was werdet ihr unternehmen?«

»Ich bleibe hier«, verkündete Ripple. »Ich mag

diese Stelle des Flusses und werde in unserer alten Behausung wohnen bleiben.«

Brownie war da weit unternehmungslustiger. »Ich werde mich flußaufwärts ein wenig umschauen«, gab er bekannt. »Nun denn — lebt wohl, ich breche auf zu neuen Abenteuern!«

»Leb wohl!« riefen die anderen Otter ihm nach.

Dann trennten sich ihre Wege. Jeder würde sich künftig nun allein durchs Leben schlagen.

2. Brock, der Dachs

Brock, der Dachs, war ein besonders großes und kräftiges Exemplar seiner Rasse. Er lebte in einem einsamen Waldstück, das kilometerweit von der nächsten Stadt entfernt lag. Die übrigen Waldbewohner bekamen ihn nur selten tagsüber zu Gesicht, da er üblicherweise seinen Bau erst nach Einbruch der Dunkelheit verließ.

Graugelb war Brocks Pelz gefärbt und hatte an Kopf und Hals ins Auge springende, auffallend breite weiße und schwarze Streifen.

»Ich kann mir lebhaft vorstellen, daß du es ziemlich unpraktisch findest, mit diesen auffallenden Streifen im Gesicht herumlaufen zu müssen«, sagte eines schönen Tages der rote Fuchs zu ihm,

MACDOWELL

als Brock in der Morgendämmerung von seinem ausgedehnten nächtlichen Jagdstreifzug heimkehrte.

»Sämtliche Feinde können dich bestimmt leicht ausmachen, und ich bin sicher, daß Kaninchen und Vögel längst vor dir Reißaus genommen haben, bevor du nahe genug an sie herankommst, um sie zu erwischen.«

»Du solltest mich bei Nacht sehen, Meister Reineke«, erwiderte der Dachs in brummigem Ton. »Dann würdest du erkennen, daß mein gestreiftes Gesicht eine weise Einrichtung der Natur ist. Rotfuchs, du bist nämlich doch nicht so schlau, wie du dir das immer einbildest.«

Also bezog der Fuchs am Abend Posten, um zu sehen, wie der Dachs aus seiner Höhle kam. Brock wohnte mit seiner Familie in einem tiefen, unterirdischen Kessel. Der Fuchs konnte sich anhand des großen Erdhügels, der vor dem Ausgang des Dachsbaus aufgeworfen worden war, leicht ausmalen, bis in welche Tiefen die Höhle reichen mußte, die die Dachse ausgegraben hatten.

Es dauerte nicht lange, bis der Dachs am Ausgang seines Baues erschien. Brock verharrte, reckte seinen Kopf und witterte prüfend mit der Nase in der Luft, ob sich nicht irgendein Feind in der Gegend herumtrieb. Den Fuchs, der in der Nähe unter einem Busch lag, um ihn zu beobachten, roch er natürlich sofort.

Hinter dem Dachs hatte seine Familie, bestehend aus seiner Frau und drei Jungen, gleichfalls den Bau verlassen. Und alle vier wiesen am Kopf die gleiche Streifenzeichnung auf wie Brock. Den feinen Ohren des Fuchses entging zwar das leise Geräusch nicht, mit dem der Dachs die Luft einzog — doch sehen konnte er ihn nicht! Und dies, obwohl es eine mondhelle, klare Nacht war! Sosehr sich auch der Fuchs anstrengte, zu entdecken vermochte er den Dachs noch immer nicht. Inzwischen konnte er ihn auch bereits ganz deutlich riechen und hören, wie Brock sich über den Waldboden bewegte. Doch noch immer hatte der Fuchs den Dachs nicht erspäht.

»Guten Abend«, sagte da plötzlich Brock so nahe

am Ohr des Fuchses, daß dieser erschreckt hochsprang. »Na, glaubst du noch immer, daß meine Streifenzeichnung im Gesicht blödsinnig ist?«

Nun begriff der Fuchs mit einemmal, daß die schwarzen und weißen Streifen des Dachses so vollkommen dem Spiel von Hell und Dunkel des nächtlichen Walds angepaßt waren, daß sie ihn davor schützten, entdeckt zu werden, wenn er durch sein Revier schlich.

»Du hast recht behalten, Brock!« mußte der Fuchs widerwillig zugeben, dem es gar nicht paßte, seinen Irrtum einzugestehen. In der Absicht, sich an der Jagdbeute der Dachse zu beteiligen, folgte der Fuchs ihnen.

Brock stoppte sofort, als er dies merkte, und schaute den Fuchs böse an. »Mach, daß du wegkommst, wir mögen deinen Geruch nicht. Außerdem verdirbst du uns damit die Jagd.«

Wegen der furchterregenden Blicke des Dachses hielt es der Fuchs für geraten, sich schleunigst aus dem Staub zu machen.

Ohne den lästigen Fuchs begann die Dachsfami-

MACDOWELL

lie ihren nächtlichen Streifzug und erwischte mal eine kranke Feldmaus, mal einen Jungvogel, der aus dem Nest gefallen war. Da Dachse nicht besonders schnell rennen können, sind sie bei ihrer Nahrungssuche auf kranke oder verwundete Kleintiere angewiesen oder müssen sich mit Insekten, Würmern und Schnecken begnügen.

Brocks Frau entdeckte nun ein Hummelnest. Sofort machte sie sich daran, den Boden mit ihren Krallen aufzuwühlen. Als sie das Nest geöffnet hatte, verzehrte sie genüßlich dessen Waben samt Larven und Puppen.

Im Frühjahr, Sommer und Herbst finden die Dachse reichlich und viel Nahrung. Tagsüber schlafen sie in ihrem unterirdischen Kessel oder dösen und sonnen sich manchmal vor ihrem Bau. Bisweilen, wenn ihre starken Krallen an den vorderen Pfoten stumpf geworden sind, suchen sie sich einen Baum, setzen sich auf die Hinterbeine und schärfen an dem Stamm ihr »Grabgerät«, wobei sie deutlich sichtbare Spuren an der Borke hinterlassen.

MACDOWELL

Der Spätherbst war angebrochen, die Tage wurden immer kürzer und die Nächte länger und kälter. Die Nahrungsbeschaffung wurde zusehends mühsamer. Und die Jungen der Dachsfamilie zitterten vor Kälte, wenn sie ihren Bau verließen.

»Es wird Zeit, unser Winterquartier herzurichten«, sagte Brock. »Wir werden unseren Kessel in noch größere Tiefe verlegen und ihn schön warm auspolstern. Ihr Jungen bekommt die Aufgabe, hierfür Moos, Blätter und Gras herbeizuschaffen, während Mutter und ich das Graben übernehmen.«

Die Dachsfamilie machte sich an die Arbeit. In dem Bau mit den zahlreichen verzweigten Röhren, die als Ein- und Ausgänge sowie als Luftschächte dienten, wurde in fünf Metern Tiefe der Kessel zum Überwintern angelegt und hergerichtet.

Dann verschloß Brock sämtliche Eingänge. »Damit keine Feinde eindringen können«, erläuterte er seinen Jungen, »und damit die Kälte draußen bleibt. Und vor allem dieser verruchte Fuchs! Vor zwei Jahren hat er es doch tatsächlich geschafft, in

MACDOWELL

meinen Bau zu kommen und es sich in einem der Gänge bequem zu machen. Er hat mir den ganzen Bau mit seinem Gestank verpestet.«

Nachdem alle Vorkehrungen getroffen waren, begab sich die Dachsfamilie zur Winterruhe und versank in einen langen, tiefen Schlaf, in dem sie von dem im Herbst reichlich angesammelten Körperfett zehren konnte.

Als der Fuchs Brock einen Besuch abstatten wollte, stand er vor verschlossener Tür. Brock würde sie erst wieder aufmachen, wenn er im Frühjahr seinen Winterschlaf beendet hatte. Dann würde er wieder in den lauen Nächten auf der Jagd nach Beute durch den Wald streifen.

3. *Die kleinen Wildkätzchen*

In der Abgeschiedenheit der Berge des schottischen Hochlandes lebte die Wildkatze Snarl. Sämtliche Tiere in der Umgebung fürchteten sie, weil sie wild wie ein Tiger werden konnte.

Snarls Haarkleid war gelbbraun und hatte dunkle Querstreifen. Ihr langer buschiger Schwanz besaß dunkle Ringe und eine schwarze Spitze. Mit ihren scharfen, grünen Augen konnte sie selbst in den dunkelsten Nächten noch die kleinste Bewegung wahrnehmen.

Den Wurfplatz für ihre Jungen, die Höhlung eines Baumes, hatte sich Snarl sorgfältig ausgesucht. Dort brachte sie vier entzückende Katzenkinder zur Welt, die anfangs noch ganz hilflos und blind waren. Erst an ihrem zwölften Lebenstag öffneten sie die Augen. Snarl war eine gute Katzenmutter und liebte ihre Jungen heiß und innig. Als die Kätzchen älter waren und nicht mehr nur mit Muttermilch ernährt wurden, machte Snarl jede Nacht Jagd auf Vögel, Junghasen und Wildkaninchen, um die hungrigen Mäuler der Kleinen zu stopfen.

Schon bald, im Alter von zehn bis zwölf Wochen, würden die Kätzchen sie bei ihren Beutezügen, wenn auch nur in der Nähe des Baues, begleiten können.

An einem Baumstamm schärfte Snarl ihre Krallen. Sie hatte beschlossen, den langen Weg in das im Tal gelegene Dorf auf sich zu nehmen, um dem Hühnerstall eines Bauern einen nächtlichen Raubzug abzustatten. Die zu erwartende Beute würde für ihre Jungen ein mehrtägiges Festmahl abgeben.

Bevor Snarl aufbrach, ermahnte sie die Kätzchen: »Verhaltet euch vollkommen ruhig, bis ich wieder zurück bin.«

Dann lief sie auf so leisen Pfoten ins Tal, daß

MACDOWELL

nicht einmal der Fuchs mit seinem feinen Gehör ihre Schritte vernahm. Als die Wildkatze schließlich den Hühnerstall erreicht hatte, dauerte es geraume Zeit, bis sie einen Weg gefunden hatte, einzudringen.

Im Handumdrehen war im Stall die Hölle los. Die verängstigten Hühner schlugen wild um sich und gackerten völlig aufgeregt los. Snarl hatte gerade eine der Hennen gepackt, als sie plötzlich ein Gefahr bedeutendes Geräusch vernahm.

Der Lärm, den die Hühner verursachten, hatte den Bauern alarmiert, und er kam mit einem Schrotgewehr zum Hühnerstall gerannt. Die Wildkatze hörte ihn kommen. Auf demselben Weg, auf dem sie gekommen war, verließ sie wieder den Hühnerstall. Das Huhn mußte sie zurücklassen. Snarl flüchtete in einen nahegelegenen Schuppen, wo sie sich versteckte.

Als der Bauer die ganze Bescherung sah, ärgerte er sich fürchterlich. Er wußte nicht, ob sie von einem Fuchs oder von einer Wildkatze angerichtet worden war. Deshalb kontrollierte er vorsichtshal-

ber alle Türen und Fenster auf dem gesamten Gehöft. Die offenstehende Tür zu jenem Schuppen, in dem Snarl sich unter einem leeren Sack versteckt hielt, wurde geschlossen und verriegelt.

Snarl war nun eine Gefangene. Unentwegt mußte sie an ihre Jungen denken. Sie würden sich bestimmt wundern, warum sie nicht zurückkam. Außerdem würden sie schrecklich hungrig sein.

Die vier Wildkätzchen waren in der Tat fürchterlich ausgehungert, nachdem sie die ganze Nacht und den halben Morgen auf die Rückkehr ihrer Mutter gewartet hatten. Sie fingen bereits an, sich gegenseitig anzufauchen. Doch dann wurde einem kleinen Kater das geschwisterliche Gezänk zuviel. Er kletterte zum Eingang der Baumhöhle und blickte hinaus, um nach der Mutter Ausschau zu halten.

Und wie der Zufall so manchmal spielt, kamen in diesem Augenblick zwei Wanderer vorbei, die ihn entdeckten, weil seine Schwestern solch einen Spektakel veranstalteten.

»Hast du die junge Wildkatze auch gesehen?« fragte der eine Wanderer seinen Begleiter. »In der Baumhöhle steckt bestimmt ein ganzer Wurf!«

Die beiden Männer gingen dichter an den Baum heran. »Sei vorsichtig«, sagte der eine, »falls die Mutter in der Nähe ist, wird sie unter Garantie wie ein Tiger um ihre Jungen kämpfen.«

Doch Snarl war in einem Schuppen gefangen. Zwar fauchten ihre Kinder in der Baumhöhle wild und zeigten die scharfen Krallen, aber es nützte nicht viel.

MACDOWELL

Die Männer überlisteten sie. Einer von ihnen ließ die Enden seines Taschentuches in die Kinderstube der Wildkatzen hineinhängen. Blutjung und unerfahren, wie sie waren, schlug eines der Kätzchen prompt seine Krallen in den Stoff und wurde aus der Baumhöhle herausgezogen und in einen Rucksack gesteckt. Doch nur noch ein zweites Mal klappte dieser Trick. Als alle weiteren Versuche nichts fruchteten, zog der ältere der beiden Männer einen Lederhandschuh an und versuchte, das dritte Wildkätzchen mit der Hand zu greifen. Bis ihm dies schließlich gelang, war sein Handschuh an verschiedenen Stellen durchgebissen.

Allerdings machte das verbleibende letzte Wildkätzchen noch größere Schwierigkeiten. Es kämpfte wie ein Tiger und fletschte die Zähne, fauchte, biß, kratzte wie wild. Und dann gelang es ihm doch noch, aus dem Griff der menschlichen Hand auszubrechen und dem Mann die rasiermesserscharfen Krallen durchs Gesicht zu ziehen. Das schmerzte und brannte wie Feuer. Mit einer wütenden Handbewegung schleuderte der Mann die

Wildkatze im hohen Bogen von sich. Sie landete geschickt auf ihren Füßen.

»Verdammte kleine Bestie«, schrie der Mann und versuchte, mit dem Fuß nach der kleinen Wildkatze zu treten. Vergebens, das tapfere Kätzchen war bereits fauchend im dichten hohen Heidekraut verschwunden. Den Männern war klar, daß sie darin das Tier unmöglich wiederfinden würden. Deshalb zogen sie mit den drei völlig verängstigten Wildkätzchen im Rucksack, die sie an einen Privatzoo verkaufen wollten, weiter.

Der Wildkatzenmutter Snarl war es endlich gelungen, aus dem Schuppen zu entkommen. Von der Sorge um die Jungen getrieben, rannte sie den ganzen Weg zurück, so schnell sie nur konnte. Doch es nutzte nichts. Als sie ankam, fand sie nur noch die Baumhöhle vor. Snarls feine Nase sagte ihr, daß Menschen hier gewesen waren. Und dann maunzte Snarl laut ihren ganzen Kummer heraus, denn sie hatte ihre Kinder wahnsinnig geliebt.

Und auf einmal antwortete ihr das vierte Wildkätzchen, das entkommen war, mit jämmerlicher

Stimme. In seiner unsäglichen Angst hatte es sich den ganzen Tag über versteckt.

Im Nu war Snarl bei ihm und rollte sich tröstend um das kleine Wesen. Als das Kätzchen alles berichtet hatte, was passiert war, sagte Snarl: »Ich bin unheimlich stolz auf dich! Eine Wildkatze sollte sich niemals fangen lassen! Du bist wirklich eine echte Wildkatze.«

4. Der rote Pad

Mit seiner Körperlänge von fast einem Meter, seinem herrlichen rotbraunen Fell und dem großen buschigen Schwanz war Pad schon ein besonders stattlicher Rotfuchs. Mit seinen empfindlichen Stehohren konnte er auch die leisesten Geräusche hören. Seine feine lange Nase vermochte selbst die schwächsten Witterungen, die der Wind an sie herantrug, wahrzunehmen.

Pad besaß einen prima Fuchsbau, eine ehemalige Kaninchenhöhle, deren Bewohner das Weite gesucht hatten, weil sie sich vor ihm fürchteten. Also hatte Pad die Höhle übernommen und erweitert.

Der Eingang lag versteckt unter einem dichten Brombeerbusch und konnte nur entdeckt werden, wenn jemand die Brombeerzweige zur Seite bog. In diesem Bau lebte Pads Familie, seine Frau, eine Fähe mit außergewöhnlich lebhaft rotem Fell, und drei Jungen, die Bushy, Fluffy und Sly hießen. Pad und seine Frau waren stolz auf ihre Sprößlinge, die mittlerweile fast zwei Monate alt waren und nun nicht mehr gesäugt werden mußten.

»Wir sind nun schon richtige Jungfüchse«, eröffnete Bushy den Eltern, »und möchten euch deshalb unbedingt auf euren nächtlichen Beutezügen begleiten, damit wir das Jagdhandwerk erlernen.«

In der nächsten sternklaren Nacht, als der Vollmond Wälder und Hügel in silbriges Licht tauchte, durften die Fuchskinder zum erstenmal ihre Eltern auf der Jagd begleiten. Die Jungen waren vor Freude darüber ganz aufgeregt.

»Bleibt nur immer dicht bei uns«, ermahnte sie die Mutter. »Denn wenn ihr verlorengeht, findet ihr nicht mehr alleine zum Bau zurück. Und nun versucht euch einmal an die Kaninchen heranzupirschen, die dort drüben spielen. Vielleicht fangt ihr eines.«

MAC DOWELL

Allerdings stellten sie sich zunächst noch recht unbeholfen an und verscheuchten die Kaninchen lediglich. Doch dann gab Bushy plötzlich ein lautes aufgeregtes Keckern von sich und schlug mit der Pfote zu. Er hatte eine kleine Feldmaus erwischt und erlegt und fraß sie sogleich mit Wonne auf. In den Augen seiner Geschwister war er nun ein ganz toller Kerl.

Vater Pad fing einen fetten Fasan, den er mit seiner Familie teilte. Für die Jungen war die Jagd schon ein ganz besonders prickelndes Abenteuer. Deshalb bettelten sie auch darum, nicht bei Anbruch der Morgendämmerung zurück in den Bau zu müssen.

»Nun gut«, willigte ihre Mutter ein. »Aber ihr müßt versprechen, nicht von meiner Seite zu weichen. Es kann nämlich passieren, daß zweibeinige Jäger durchs Revier streifen.«

»Machen die denn auch Jagd auf uns, um uns zu verspeisen, so wie wir es mit den Kaninchen und Fasanen tun?« fragte Fluffy überrascht.

»Wir werden nicht wegen unseres Fleisches ge-

jagt, sondern weil die Jagd den Menschen Vergnügen bereitet«, erklärte Pad brummig. Er haßte es, gejagt zu werden.

Mittlerweile hatten sie ein geschütztes Plätzchen gefunden, an dem sie sich den Tag über bis zum Anbruch der Nacht versteckt halten konnten. Satt und vollgefressen, wurden sie nun rasch müde und schliefen. Doch Pad hielt selbst im Schlaf die Ohren offen, um auf verdächtige Geräusche sofort reagieren zu können.

Und das war auch gut so, denn am späten Vormittag nahm er plötzlich das ferne Gebell einer Jagdhundmeute wahr.

Eine Fuchsjagd war im Gange! Auf ihrer Spurensuche nach Fuchsfährten kam die Hundemeute rasch näher.

Pad wußte, das seine ganze Familie aufgestöbert werden würde, wenn er nichts dagegen unternahm. Mit einem Knurrlaut verständigte er seine Frau. »Ich werde hinauslaufen und mich den Hunden zeigen. Sobald ich sie auf meine Spur gelockt habe, bringst du unsere Jungen in den Bau und bleibst dort, bis ich zurückkomme.«

Ohne nun weitere Zeit zu verlieren, rannte der tapfere Pad aus dem Versteck heraus und sauste jenseits des Hügels in das Blickfeld der Hundemeute. Ein triumphierendes Gebell setzte ein, und die ganze Jagdgesellschaft machte sich an die Verfolgung des Rotfuchses.

Als die Luft rein war, brachte die Fähe die Jungen wohlbehalten in den Fuchsbau zurück. Dort saßen sie im schützenden Dunkel und zitterten am

MACDOWELL

ganzen Körper wie Espenlaub, froh darüber, noch einmal davongekommen zu sein.

In banger Sorge warteten sie auf Pad. Würde es ihm gelingen, die Jagdhunde abzuschütteln? Oder würden sie ihn stellen und zerreißen?

Die Ungewißheit dauerte bis zum späten Nachmittag. Dann hörte die Füchsin die vertrauten leisen Schritte Pads, der den Bau betrat. Sie lief ihm entgegen und stupste ihn dankbar mit der Schnauze an, während die Jungen ihn vor Freude ableckten.

Pad war völlig erschöpft. Er streckte sich auf dem Bett aus, legte seinen Kopf auf die Vorderpfoten und japste nach Luft. »Das ging ungeheuer knapp aus«, berichtete er seiner Familie. »Die Jagdhunde waren mir dicht auf den Fersen. Ich bin dann über eine Mauer geklettert, um sie von meiner Spur abzubringen, doch es hat nichts genützt. Kilometerweit wurde ich gehetzt, und die Meute rückte mir immer näher auf den Pelz. Zuletzt bin ich in den Fluß gesprungen und ihn ein Stück hinuntergeschwommen, bevor ich dann das Wasser

MACDOWELL

am anderen Ufer verließ. Dadurch haben die Hunde meine Spur verloren, und ich bin sicherheitshalber noch einen Umweg gelaufen, bis ich wieder den Fluß durchqueren und hierher zurückkehren konnte.«

»In Zukunft werden wir tagsüber unseren sicheren Bau nicht mehr verlassen«, erklärte die Füchsin. »Die Jungen können zwar mit uns bei Nacht auf die Jagd gehen, aber bei Tage ist es in den Hügeln einfach viel zu gefährlich.«

Aber herrje! Den kleinen Füchsen war der Schreck so in die Knochen gefahren, daß sie keine Lust mehr verspürten, den Bau zu verlassen, um an den nächtlichen Streifzügen erneut teilzunehmen. Von derartigen Abenteuern hatten sie zunächst einmal genug.

5. Der Hermelin und das Wiesel

In einem besonders harten Winter, als eine dicke Schneedecke über dem Boden lag, sauste mit schnellen wendigen Bewegungen ein langgestrecktes rotbraunes Tierchen mit mittellangem Schwanz durch ein großes Heckengestrüpp. Es war ein Wiesel, ziemlich dünn und ausgehungert.

Plötzlich stoppte das Wiesel, als es ein anderes Tier witterte, das dem Geruch nach ebenfalls zur Familie der Marder gehören mußte.

»Ah, du bist es, Vetter Hermelin«, sagte das Wiesel überrascht, als es seinen Verwandten sah, der größer als er und im Fell heller war und auch einen längeren Schwanz hatte, dessen Ende ganz schwarz gefärbt war.

»Grüß dich, Vetter Wiesel. Ich bin hergekommen, um zu sehen, ob ich auf dem Bauernhof nicht etwas Futter auftreiben kann«, erklärte der Hermelin.

»Du weißt aber doch genau, daß der Bauer dich nicht ausstehen kann«, sagte das Wiesel. »Von mir weiß er, daß ich ihm nur seine Mäuse und Ratten wegfange und seine Hühner in Ruhe lasse — doch dich kennt er als Hühnermörder und wird dich umbringen, wenn er dich sieht.«

»Ach was, für den bin ich viel zu gerissen«, sagte der Hermelin grinsend, wobei er die ganze Reihe seiner scharfen weißen Zähne enthüllte. »Und außerdem gibt es hier sonst weit und breit nichts Anständiges zu fressen.«

»Da hast du leider recht«, bekannte das hungrige Wiesel. »Ich habe bereits alle Ratten und Mäuse vertilgt, die man überhaupt erwischen kann. Die restlichen sind zu schlau. Auch mit Vogeleiern und jungen Vögeln sieht es schlecht aus. Nicht einmal ein paar Käfer kann man in diesem hohen Schnee aufspüren. Von den gewitzten Ka-

MACDOWELL

ninchen ganz zu schweigen — ich hatte seit Ewigkeiten keines mehr auf meinem Speiseplan.«

»Hast du es denn schon mit deinem ganz besonderen Kniff versucht, Vögel anzulocken?« erkundigte sich der Hermelin.

»Nein, noch nicht. Aber ich könnte es ja probieren, und vielleicht klappt es. Du verbirgst dich besser, Vetter Hermelin, denn wenn die Vögel dich sehen, gelingt das Kunststück bestimmt nicht.«

Der Hermelin versteckte sich in der großen Hecke, während sich das Wiesel in die Nähe einer Schar Spatzen begab, die sich um ein Stück Brotrinde balgten. In angemessener Entfernung begann das Wiesel dann eine seltsame Vorführung.

Es fing an, sich im Kreis zu drehen, so als jage es seinen eigenen Schwanz. Es sprang in die Luft. Es rollte sich um die eigene Achse im Schnee und tanzte dann wieder hin und her. Eine Zeitlang wand es sich wie eine Schlange und nahm anschließend wieder die Verfolgung seines eigenen Schwanzes auf.

Verwundert schauten die Spatzen sich dieses

Treiben an. Von der Hecke aus sah eine Amsel zu. Zwei neugierige Schwarzdrosseln kamen angeflogen, um zu sehen, was da los war. Ein Rotkehlchen ebenso. Und drei Buchfinken gesellten sich zu den Spatzen. Keiner der Vögel konnte sich einen Reim auf das merkwürdige Gehabe des Wiesels machen. Die Amsel flog noch ein wenig näher heran, und die anderen Vögel taten es ihr nach. Immer noch jagte das Wiesel hinter seinem Schwanz her, doch aus den Augenwinkeln heraus beobachtete es das Näherrücken der nahrhaften Vögel. Die Spatzen und die Buchfinken hüpften noch näher an das verrückte Wiesel heran. Nur das Rotkehlchen blieb zurückhaltend. Aber als endlich ein Spatz sich in die Reichweite der Pfoten des Wiesels gewagt hatte, brach der Hermelin aus der Hecke hervor, um einen der zuschauenden Vögel zu schlagen! Aufgeregt tschilpend und piepsend flogen sogleich sämtliche Vögel los.

Das arme Wiesel hatte das Nachsehen. Mit wütenden Augen starrte es seinen Verwandten an. »Wieso hast du Narr das getan«, schnauzte es ihn an. »Du hast mir alles vermasselt!«

»Ich war zu hungrig, um noch länger warten und zusehen zu können«, sagte der Hermelin verdrießlich. »Ich wußte, daß du jeden Augenblick den Spatzen anspringen würdest. Die anderen Vögel wären dann sofort davongeflogen. Deshalb versuchte ich als erster mein Glück, weil ich eben so fürchterlich hungrig bin. Leider hat sich mein Pelz nicht weiß gefärbt, wie das bei den Hermelinen im hohen Norden der Fall ist. Deshalb bin ich auch so leicht zu entdecken, wenn ich jage.«

»Mein Fell ist ebenfalls nicht weiß geworden«, raunzte ihn das verärgerte Wiesel an. »Für die kurze Zeit, die wir in unseren Breiten Schnee haben, lohnt sich ein solcher Haarwechsel nicht.«

Vom nahe gelegenen Bauernhof ertönte ein Schrei. »Das ist der Bauer«, stellte das Wiesel fest. »Vetter Hermelin, du machst besser, daß du wegkommst, denn wenn er dich erwischt, ist es um dich geschehen!«

Sofort suchte der Hermelin das Weite, und das Wiesel zog sich in seine Hecke zurück, froh, etwaige Beute nun nicht mehr mit seinem Verwandten teilen zu müssen.

Etwas später probierte es seinen Trick erneut und jagte wieder seinem Schwanz hinterher. Doch noch einmal ließen sich die Vögel nicht hereinlegen. Sie rotteten sich vielmehr zusammen und fielen lärmend über das Wiesel her und hackten mit ihren Schnäbeln nach ihm. Da bekam es das Wiesel mit der Angst zu tun und nahm Reißaus.

»Den Kerl sind wir für heute los«, trällerte das Rotkehlchen vergnügt. Und so war es auch.

6. Der König des Rudels

An einer geschützten Stelle im Farnkraut eines Berghanges brachte Anfang Juni die Hirschkuh ihr Kitz zur Welt. Glücklich leckte sie das kleine Wesen mit dem an den Seiten weißgesprenkelten Fell trocken.

Während der ersten Tage wich das Muttertier nur von der Seite des Kitzes, um am Fluß Wasser zu trinken. Bevor sie es alleinließ, gab sie dem Kitz jedesmal einen ganz leichten Stups mit dem Huf. Dann preßte sich das Kitz ganz flach auf den Boden und lag völlig bewegungslos still, bis die Mutter zurückkehrte.

Und schon bald darauf durfte das Kitz zusammen mit der Mutter die nähere Umgebung erkun-

den. Sie erklärte ihm, welche Dinge besonders gut schmecken: frisches grünes Gras, Eicheln und Kastanien vom letzten Herbst sowie die Triebe junger Bäume. Das Kitz entwickelte sich prächtig und wurde zusehends größer.

Als der kleine Rothirsch noch älter wurde, wuchsen ihm am Kopf zwei halbkugelige wulstige Gebilde, die ein bißchen juckten. Er fragte seine Mutter, was es denn für eine Bewandtnis damit habe.

»An diesen Stellen wird dir einmal dein erstes Geweih wachsen«, klärte ihn seine Mutter auf. »Wir weiblichen Tiere bekommen nun mal keine Geweihe, aber du bist ein Mann. Je größer du werden wirst, desto größer wird auch dein Geweih jedes Jahr werden. Und eines Tages wirst du es vielleicht zu einem kapitalen Geweih und zum König des Rudels bringen.«

Diese Worte seiner Mutter erfüllten den kleinen Rothirsch mit Stolz, und er hoffte, sein Geweih würde ihm ganz schnell wachsen. Doch es sollte noch ein ganzes Jahr vergehen, bis sich bei ihm überhaupt zwei spitze kurze Stangen zeigten, die allerdings wenig Ähnlichkeit mit dem mächtigen, kronenartigen Geweih besaßen, das er bei seinem Vater gesehen hatte.

Eines Tages war der Junghirsch daher völlig überrascht, seinen Vater ohne jegliches Geweih zu sehen.

»Wo hat er denn sein Geweih gelassen?« erkundigte er sich, über alle Maßen verwundert, bei seiner Mutter.

Die Auskunft, die sie ihm erteilte, klang seltsam. »Beim Hirsch wird das Geweih jedes Jahr abgeworfen, um kurze Zeit später durch ein neues und größeres ersetzt zu werden. Also wundere dich nicht, wenn dies auch bei dir der Fall sein wird!«

Als es dann soweit war, fühlte sich der junge Rothirsch nicht besonders wohl in seiner Haut. Er hatte seine beiden kleinen Stangen abgeworfen. Aus den napfförmigen Abwurfnarben, dem alten Geweihfundament, fingen bereits nach gut einer Woche zwei neue Stangen zu sprießen an. Sie waren von einer samtartigen Haut überzogen, dem sogenannten Bast. Hundert Tage vergingen, bis das Geweih die seinem Alter gemäße Größe und Form erreicht hatte. Nun verdorrte der Bast und fing an, schrecklich zu jucken. Deshalb scheuerte der Junghirsch ihn an dünnen Baumstämmen und Sträuchern ab.

Jahr für Jahr wiederholte sich dieser Geweihwechsel, und jedesmal fiel sein neues Geweih noch stärker und endenreicher aus als das vorherige. Und er war stolz auf diese prächtige Mannes-

MACDOWELL

würde. Nun war es an der Zeit, sich eine Frau zu suchen und um sie zu kämpfen.

Mit einem Nebenbuhler kam es zum Kräftemessen. Krachend donnerten die Geweihe gegeneinander und verkeilten sich. Dann lösten sich die beiden Kämpfer wieder, um erneut mit ihren Waffen zusammenzustoßen. Viele Male prallten sie so zusammen, bis der Rivale endlich klein beigab.

Unser Rothirsch war überglücklich, er hatte nicht nur die Oberhand behalten, sondern auch die Gefährtin gewonnen, die er liebte, eine wunderschöne, scheue kleine Hirschkuh. Eine prächtige Zukunft lag vor ihnen.

Doch im Frühjahr fühlte er sich krank und schutzlos und hoffte nur, daß ihn kein Gegner zum Duell herausfordern würde. Er war seines Kopfschmucks verlustig gegangen und stand am Wachstumsbeginn eines neuen Geweihes. Seine Sorge war aber unbegründet, weil es den anderen Hirschen nicht anders erging. Trotzdem wich er den Artgenossen aus und zog sich während der Wachstumszeit des Geweihs in die Einsamkeit zurück.

Von Tag zu Tag machte der Geweihaufbau Fortschritte. Nach mehr als drei Monaten hatte dieses erstaunliche und viele Kilo schwere Knochengebilde seine endgültige Größe und Form mit einer verzweigten, formschönen und mächtigen Krone erreicht. Doch bevor es erneut eingesetzt werden konnte, vergingen fast acht weitere Wochen, in denen das Geweih gefegt, vom Bast befreit wurde.

Als diese Zeit müßigen Wartens vorüber war,

fühlte sich der kapitale Rothirsch innerlich und äußerlich bereit, sich zum König eines ganzen Rudels aufzuschwingen.

Mit selbstbewußt erhobenem Geweih suchte er wieder die Gesellschaft seiner Artgenossen und forderte jeden zum Kampf heraus, der ihm seine Stellung als König des Rudels, als Platzhirsch, streitig machen wollte.

Die Hoffnung seiner Mutter hatte sich bewahrheitet. Und abends, wenn das Rudel unter seiner Obhut äste, bot er mit seinem kapitalen Geweih den Anblick einer wirklichen Majestät.